AF586831

20 Mai 1901 ✓

VENTE APRÈS DÉCÈS

HOTEL DROUOT — SALLE N° 3

Les Lundi 20 et Mardi 21 Mai 1901

TABLEAUX MODERNES

ET AQUARELLES

Œuvres par

E. BOUDIN, JULES BRETON, JULES DUPRÉ, AMAND GAUTIER

PIETTE, QUOST, PH. ROUSSEAU, VIGNON, ETC.

OBJETS D'ART DE L'EXTRÊME-ORIENT

Bronzes d'Ameublement Louis XVI, Argenterie

MEUBLES

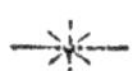

EXPOSITION PUBLIQUE

LE DIMANCHE 19 MAI 1901

de 1 heure 1/2 à 5 heures 1/2

COMMISSAIRE-PRISEUR	EXPERT
Me O. NOTTIN	M. B. LASQUIN
6, rue Saint-Georges, 6	12, rue Laffitte.

PARIS — 1901

IMPRIMERIE MAULDE ET RENOU

MAULDE, DOUMENC & Cie

IMPRIMEURS DE LA COMPAGNIE DES COMMISSAIRES-PRISEURS

Rue de Rivoli, 144. — Paris

CATALOGUE

DE

TABLEAUX MODERNES

ET AQUARELLES

PAR E. BOUDIN, BEAUVERIE, JULES BRETON, JULES DUPRÉ
AMAND GAUTIER, PIETTE
QUOST, PH. ROUSSEAU, VIGNON, ETC.

OBJETS D'ART ET DE CURIOSITÉ

DE L'EXTRÊME-ORIENT

Porcelaines, Émaux Cloisonnés, Jades, Laques

Bronzes de la Chine et du Japon

OBJETS DE VITRINE — ARGENTERIE ET BIJOUX

Pendules et Candélabres Louis XVI, Empire et de style

EN BRONZE ET MARBRE

QUELQUES MEUBLES

DONT LA VENTE AURA LIEU APRÈS DÉCÈS

HOTEL DROUOT — SALLE N° 3

Les Lundi 20 et Mardi 21 Mai 1901, à 2 heures

Par le ministère de **Me O. NOTTIN**, *Commissaire-Priseur*
6, Rue Saint-Georges

Assisté de **M. B. LASQUIN**, *Expert*
12, Rue Laffitte

CHEZ LESQUELS SE TROUVE LE PRÉSENT CATALOGUE

EXPOSITION PUBLIQUE

Le Dimanche 19 Mai 1901, de 1 heure 1/2 à 5 heures 1/2

PARIS — 1901

CONDITIONS DE LA VENTE

Elle sera faite au comptant.

Les Acquéreurs paieront DIX POUR CENT en sus des adjudications.

MAULDE, DOUMENC et Cie, imp. de la Cie des Commissaires-Priseurs
rue de Rivoli, 144 500—95982

DÉSIGNATION

TABLEAUX MODERNES, AQUARELLES

ARUS (R.)

1 — Militaires en promenade.

Panneau.

BATAILLE (E.)

2 — Paysage, bord de rivière.

Toile : H. 0^m21 ; L. 0^m36.

BEAUVERIE (C.)

3 — Bords de l'Oise, effet d'automne.

Toile. Signée à gauche, datée 1871.

H. 0^m33 ; L. 0^m60.

BOUDIN (E.)

4 — Navires sur l'Escaut, à Anvers.

Panneau. Signé à droite, daté d'Anvers 1871.

H. 0^m22 ; L. 0^m37.

BOUDIN (E.)

5 — Le Port d'Anvers.

Panneau. Signé à gauche et daté d'Anvers 1871.

H. 0^m22 ; L. 0^m37.

BOUDIN (E.)

6 — Entrée de Port (Honfleur?).

Signé au bas, à gauche.

Toile : H. 0m32; L. 0m46.

BOUDIN (E.)

7 — Les Hauteurs de Trouville.

Panneau, signé à droite avec indication à gauche : Trouville, 1875.

H. 0m21 ; L. 0m41.

BOUDIN (E.)

8 — Six Pêcheurs sur la plage.

Panneau : Signé à gauche.

H. 0m16; L. 0m25.

BOUDIN (E.)

9 — La Seine à Rouen.

Belle aquarelle, signée au bas, à droite, datée de 1872, 1er juin.

H. 0m21 ; L. 0m35.

BOUDIN (E.)

10 — Paysage maritime.

Aquarelle signée à droite et datée 1873.

H. 0m21 ; L. 0m35

BRANDON (Ed.)

11 — La Récitation de la Bible au rabbin.

Toile signée en haut à gauche.

H. 0m18; L. 0m13.

BRETON (JULES)

12 — Paysage traversé par une rivière. Effet de soleil couchant. Vers le premier plan, une femme traverse la rivière avec deux vaches, sur une passerelle.

Signé, au bas à droite, et daté 1855.

H. 0m28; L. 0m37 1/2.

DELACROIX (EUG.)

13 — Un Lion dévorant un Arabe.

Signé, au bas à droite, E. Delacroix, 1855.

H. 0m25; L. 0m33.

DUPRÉ (JULES)

14 — Vaches au bord d'une mare, paysage boisé, soleil couchant.

Signé, au bas à gauche, des initiales J. D.

Toile : H. 0m21; L. 0m31.

GAUTIER (AMAND)

15 — Les Sœurs de charité en promenade.

Signé à gauche.

Toile : H. 0m33; L. 0m48

GAUTIER (AMAND)

16 — La Causerie (trois Sœurs de charité).

Panneau signé en haut à gauche.

H. 0m17; L. 0m20.

GAUTIER (AMAND)

17 — Le Petit Déjeuner.

Toile signée à gauche.

H. 0m28; L. 0m48.

GAUTIER (A.)

18 — Fleurs des champs dans un verre.

Aquarelle.

GAUTIER (A.)

19 — Bouquet de fleurs.

Aquarelle gouachée.

GAUTIER (A.)

20 — Cerises.

Aquarelle. Signée, datée 3 août 1871.

GREUZE (Attribué à)

21 — Femme et Enfant.

Dessin à la plume et à la sépia. Forme ronde.

MACHARD

22 — Étude d'Ange.

Dessin.

MOTTLINA (E.)

23 — Grappe de raisin blanc.

Panneau.

H. $0^{m}23$; L. $0^{m}28$.

MOUTIER (F.)

24 — Pêcheuses de crevettes.

Toile : H. $0^{m}31$; L. $0^{m}45$.

MOUTIER (F.)

25 — Marée basse, pêcheurs d'équilles.

Panneau.

H. $0^{m}31$; L. $0^{m}44$.

N. B.

26 — Jeune Italienne jouant de la guitare.

Pastel.

PIETTE

27 — Vue du Mans, 1860.

Aquarelle gouachée.

QUOST (E.)

28 — Bouquet de marguerites dans un vase en céladon vert.

Toile : H. 0^m83 ; L. 0^m66.

QUOST (E.)

29 — Chrysanthèmes dans une jardinière.

Toile : H. 0^m46 ; L. 0^m55.

ROUSSEAU (PHILIPPE)

30 — Roses, Pêches et Fraises sur une table de pierre.

Toile ovale : H. 0^m61 ; L. 0^m49.

VIGNON (V.)

31 — Village au bord d'une rivière.

Toile : H. 0^m34, L. 0^m44.

VILLEVIEILLE

32 — Bouquet de grands arbres au bord d'une rivière.

Toile : H. 0^m33 ; L. 0^m28.

33 — Deux Aquarelles chinoises : paysages avec montagnes.

34 — Aquarelles chinoises sur soie : roses et papillons.

35 — Gravure d'après Winterhalter : le Décameron.

PORCELAINES DE CHINE ET DU JAPON

36 — Deux Hanaps, forme casque, en vieux Chine, décor en émaux verts et rouges.

37 — Soupière ovale et deux plats octogones, porcelaine de l'Inde, décor bleu.

38 — Un grand Plat vieux Japon, bleu, rouge et or, à vase de fleurs au centre.

39 — Vase balustre fond gris avec bandeau d'arabesques sur la panse.

40 — Vase piriforme, décors en reliefs et à reflets.

41 — Bouteille rouge rubis en porcelaine de Chine.

42 — Deux Vases, orifices carrés, en céladon vert d'eau.

43 — Vase en porcelaine bleue turquoise flambée de Chine.

44 — Deux petits Vases cornets, variés de formes, décor bleu à palmettes, vieux Chine.

45 — Petit Vase jaune impérial, décoré de chimères en couleur.

46 — Petit Plateau quadrilobé en émail de Chine, cadre ébène sculpté.

47 — Deux Vases couverts en porcelaine de Chine, décorés de figures en émaux de couleur.

48 — Un Vase rouleau, décoré de figures en émaux verts.

49 — Un Vase ovoïde à figures en couleur sur fond blanc.

50 — Vase rouleau en émail cloisonné, décor d'arabesques sur fond blanc.

51 — Deux Figurines de lettrés accroupis sur socle exagone en ancienne porcelaine émaillé en vert.

52 — Petit Brûle-Parfum en forme de gong en ancien céladon bleu turquoise.

53 — Figure de poussah tenant un Vase, en grès émaillé de la Chine.

54 — Petit Vase balustre, décor bleu à cinq compartiments de fleurs.

55 — Petit Vase ovoïde, vieux Chine, décor en émaux de couleur.

56 — Une Bouteille, en Chine, fond rouge à dragon vert.

57 — Petit Vase en céladon vert d'eau, à panse aplatie.

58 — Petit Vase ovoïde en vieux Chine, décoré de quatre médaillons et de deux zones d'ornements en émaux verts sur fond rouge. Monture de style Louis XVI, à piédouche.

59 — Deux petits Vases ovoïdes côtelés, en ancienne porcelaine de Chine, décor bleu à trois médaillons sur fond rouge, ornés de fleurs arabesques en couleur.

60 — Jatte ronde en porcelaine de Kienlong, décorée de fleurs et d'arabesques en couleur sur fond vert d'eau. Socle et gorge en bronze ciselé et doré.

61 — Huit Coupes diverses en porcelaine de Chine, décors variés.

62 — Six petits Cendriers en vieux Chine.

63 — Une Jardinière applique en porcelaine de Chine émaillée.

64 — Six Bols divers en porcelaine de Chine.

65 — Six Tasses en vieux Japon, et six autres en vieux Chine.

66 à 81 — Environ cinquante Plats et Assiettes de décors variés en vieux Chine et vieux Japon.

82 — Une Choppe, ancienne porcelaine de l'Inde.

83 — Deux grands Plats décor bleu varié, en vieux Chine.

84 — Grand Plat en céladon vert d'eau.

85 — Deux petites Bouteilles en vieux Chine, décor bleu à lambrequin.

86 — Quatre petits Vases variés, en porcelaine de Chine.

ÉMAUX CLOISONNÉS ET OBJETS DIVERS D'EXTRÊME-ORIENT

87 — Coupe à couvercle en ancien émail cloisonné de Chine, décoré d'arabesques sur fond bleu turquoise. Elle est garnie de deux anses avec têtes de dragons et d'un bouton de couvercle ciselé et doré.

88 — Deux Vases balustres en émail cloisonné de Chine, fond rose à lambrequins, rosaces et arabesques en couleur. Sont garnis de deux anses têtes chimériques en bronze doré.

89 — Deux Coupes couvertes en émail cloisonné de Chine, fond bleu turquoise, décoré en couleur.

90 — Deux petits Canards brûle-parfums en émail cloisonné de Chine, fond bleu et blanc avec ailes en jaune.

91 — Vase balustre à grosse panse, en ancien émail cloisonné de Chine, à décors symétriques en couleur. Muni de deux anses en bronze doré.

92 — Deux Vases balustres à deux anses au col, en émail cloisonné de Chine, fond turquoise, décor de fleurs arabesques.

93 — Une Bouteille en émail cloisonné de Chine, fond lilas, décorée d'arbustes fleuris.

94 — Une Coupe ronde en émail peint de la Chine, fond rose.

95 — Un Vase rouleau en émail cloisonné, décor d'arabesques sur fond blanc.

96. — Une Coupe exagone en émail de Chine, fond vert.

97 — Une petite Boite ronde en ancien émail cloisonné.

98 — Deux Vases piriformes en ancien émail cloisonné de Chine, fond bleu turquoise, décoré d'arbustes et d'un lambrequin.

99 — Un Vase cylindre en ancien émail cloisonné de Chine, fond rouge, décor de fleurs.

100-101 — Un Vase ovoïde et un Vase balustre en vieux Chine, décorés à émaux verts.

102 — Une Statuette de divinité bouddhique en ancien blanc de Chine.

103 — Un Sucrier à couvercle en argent repoussé et ciselé de travail chinois.

104 — Deux Statuettes de lettrés, en buis sculpté; l'un accompagné d'un cerf, l'autre d'une grue sacrée.

105 — Un Pitong sculpté dans une racine, à branche de fleurs sculptée.

106 — Un petit Cabinet, en laque de Chine, sur son support.

107 — Deux Plateaux carrés en bois de fer incrusté de burgau. Travail anamite.

108 — Une Boite ronde en laque.

109 — Huit Ronds de serviettes.

110 — Un Pitoug en bambou très finement sculpté en bas-relief.

111 à 113 — Quatorze Pièces : Coupes, petits Plateaux et Boîtes en laque d'or et laque rouge du Japon.

114 à 117 — Quatorze Pièces : Socles et Sculptures en bois de fer de travail chinois.

118 — Une Boîte à deux compartiments en bronze mêlé d'argent, et un petit Vase en métal émaillé.

119 — Sept petites Pièces en porcelaine de Chine et du Japon : Vases, Tasses et Chimères.

120 — Deux Pièces : un petit Vase en agate et une petite Boîte carrée à compartiments en lave. Travail chinois.

121 — Un Braséro en grès émaillé de Chine imitant le bronze.

122 — Quatre petites Pièces : Boîtes à mouches, Flacon et Tasse en métal de travail chinois.

123 — Une Statuette de divinité bouddhique en bronze doré.

124 — Un Étui en ivoire gravé à inscriptions et paysage, contenant un jeu. Travail chinois.

125 — Une Figurine de Japonaise en ivoire.

126 — Deux Braséros ovales à anses mobiles, en émaux peints de la Chine.

127 à 129 — Neuf Pièces : Boîtes, Coupes et petits Plateaux en émaux de la Chine. — Vase monté sur un éléphant en bronze de la Chine.

130 — Six Boutons de mandarin, Figurine et petit Socle en jade sculpté. Travail chinois.

131 — Coupe en ambre sculpté, à feuillages et fruits; socle en bois de fer.

132 à 134 — Neuf Pièces : Petits Bronzes du Japon, Poussah, Magots, Tortue et Vases.

135-136 — Deux Statuettes de poussah accroupies, en cristal de roche.

137 — Une Statuette de poussah en pierre de lard; socle en bois.

138 — Une Figurine de femme assise, en pierre de lard.

139 — Chimère sur bloc carré, en cristal de roche.

140 — Divinité bouddhique accroupie sur un lotus, en jade verdâtre.

OBJETS DIVERS EUROPÉENS
OBJETS DE VITRINE

141 — Groupe en ivoire, allégorie de la Charité, sous les traits d'une femme entourée de quatre enfants (XVIIe siècle).

142 — Deux petits bronzes, taureau et vache.

143 — Un petit lapin en bronze de Barye. Edition du maître.

144 — Encrier en forme de lampe romaine, en bronze.

145 — Petite lorgnette de théâtre ornée de nacre et de grenats.

146 — Deux cuillères en argent, de travail russe.

147 — Un petit carnet ancien, en ivoire, avec miniatures et garnitures argent.

148 — Sept pièces médaillons, étuis, pied en ivoire, un étui à cure-dents en buis, une mosaïque, une broche en strass, une branche en corail.

149 — Deux petites salières en bronze Louis XVI, en cuivre doré, et verres bleus.

150 — Une petite coupe ronde en spathfluor.

151 — Groupe enfant portant un verre, bronze argenté, socle en granit rose.

152 — Figurine de Mercure, d'après Jean de Bologne, socle en lapis.

153 — Flacon en verre de Venise. Avanturiné.

154 — Coupe en verre de Venise, anse formée d'un cygne.

155 — Tasse et soucoupe en porcelaine de Locré.

156 — Treize pièces diverses, petites coupes, album, figurines, divers.

157 — Deux revolvers.

158 — Chevalet à tableau.

159 — Un petit meuble à pinceaux.

ARGENTERIE

160 — Soupière ronde à piedouche, le bouton du couvercle formé par un chou. Chiffre L. B.

161 — Deux légumiers avec plateaux, couvercles et doubles fonds.

162 — Un plat creux à bord contourné.

163 — Un plat rond vieux Paris, à bord à contours en argent.

164 — Un autre plat plus petit, vieux Paris.

165 — Un plat ovale long, en argent, vieux Paris, à contours.

166 — Un autre petit plat long à contours.

167 — Une saucière sur son plateau adhérent, forme Louis XV.

168-169 — Deux petites cafetières, dimensions variées.

170 — Un sucrier Empire, à piedouche et deux anses, argent et cristal.

171 — Deux bouts de table et un moutardier en argent, avec verres bleus.

172 — Six couteaux à dessert, manches et lames d'argent.

173 — Montre d'homme, à remontoir, avec chaîne giletière en or.

174 — Montre d'homme, en or.

175 — Quatre dessous de carafes en argent.

176 — Ménagère à quatre flacons en argent.

177 — Six fourchettes à huîtres, une truelle à poisson. un passe-thé.

178 — Une louche, douze cuillères et vingt-quatre fourchettes, douze couverts à entremets et une cuillère à sucre.

BRONZES, PENDULES

179 — Petite Pendule de la fin du XVIIIe siècle, en marbre griotte, bronze patiné et bronze doré. Le cadran contenu dans un fût triangulaire reposant sur des sphinx ornés de têtes de béliers et supportant un sacrifice à l'Amour. Ce fût repose sur une base ornée d'une frise très finement ciselée, représentant des amours se terminant en rinceaux. Il est flanqué d'une figure de nymphe debout, et de celle de l'Amour agenouillé et désarmé.

180 — Deux Urnes semi-ovoïdes, en marbre antique veiné, montées sur trépied en bronze ciselé et doré, à griffes de lion, feuillage et guirlandes, portant le nom Thomire à Paris.

181 — Garniture de cheminée de style Louis XVI, en bronze ciselé et doré de chez Beurdeley. Elle est composée d'une pendule à consoles volutes, surmontée d'un vase, ornée de guirlandes, rinceaux, feuillages et rubans, et de deux candélabres à figures d'enfant et faune d'après Clodion, supportant chacun quatre lumières.

182 — Deux petits Candélabres de l'époque du premier Empire, à deux lumières, en bronze patiné et en bronze doré, formées de figures d'enfants et reposant sur des socles ovales en bronze, en partie doré.

183 — Deux Flambeaux Louis XVI, en bronze doré, à tige fuselée et cannelée, feuillages et rois de cœur.

184 — Statuette de Judith, bronze à patine bruni, sur socle en porphyre de Suède.

185 — Deux petits Flambeaux cassolette forme vase, en bronze doré, style Louis XVI.

186 — Pendule de style Louis XVI, à cage en bronze, ciselé et doré, à rinceaux, guirlandes et rubans, et surmontée d'un vase, socle en marbre bleu turquin.

187 — Deux Flambeaux Louis XVI formés de figures d'enfants debout, en bronze doré, sur des socles en marbre turquin et blanc, ornés de bronze.

188 — Deux Cassolettes trépieds, style Louis XXI, socle marbre turquin.

189 — Deux Chenets de style Louis XVI avec galerie en bronze doré, modèle à vases cassolettes.

190 — Deux Flambeaux Louis XV en bronze doré.

191 — Petit Lustre à six lumières, d'après un modèle de Boulle, à mascarons et ornements en bronze doré.

192 — Deux Appliques à deux lumières de style Louis XVI, en bronze doré.

193 — Un petit Cartel porte-montre, style Louis XVI, en bronze.

194 — Deux petits vases à piedouche, forme antique en bronze à patine, médaille, décorés de rondes d'enfants en bas-relief ; socle en marbre griotte.

195 — Petit Lustre flamand à dix lumières, en cuivre.

MEUBLES

196 — Bureau à cylindre de l'époque Louis XVI, en bois d'acajou garni de baguettes de cuivre.

197 — Vitrine à deux corps en noyer sculpté, de style Louis XVI. Le bas est orné de deux cariatides, il ouvre à deux portes et contient un tiroir. Le haut est vitré de toute part et sculpté à feuillages et perles. Elle porte l'estampille de Guéret.

198 — Deux Fûts de colonnes cannelées, en acajou. avec tore de lauriers et modillons en bronze cerclé et doré.

199 — Bibliothèque de style Louis XIII, en chêne sculpté, la porte du bas ornée d'un motif à deux figures.

200 — Petite Table de style Louis XIII, avec croisillons.

201 — Autre Table, de même style, plus petite.

202 — Petite Table, style Henri II, en noyer sculpté.

203 — Petite Table-Bureau en chêne, à pieds fuselés

204 — Buffet-Étagère, de style Renaissance, surmonté d'un dais en chêne sculpté à quatre motifs dans le bas.

205 — Console en bois doré, genre Louis XV, dessus de marbre blanc.

— Deux Fûts de colonne support en marbre noir et griotte.

206 — Petite Table console Louis XVI, en bois doré, ceinture à entrelacs avec guirlandes.

207 — Glace dans une bordure ajourée à ornements rocailles.

208 — Écran chinois en bois de fer sculpté, avec feuille en soie brodée fond bleu.

209 — Guéridon à trois tablettes en marqueterie de bois à fleurs, de travail hollandais.

210 — Quatre Fauteuils de style Louis XVI, en noyer sculpté, doré en partie, garnis de velours frappé rouge.

211 — Quatre Chaises légères en bois doré, garnies de tapisserie à la main.

212 — Trois Chaises, de style Louis XVI, en bois doré, garnies de tapisserie à la main.

RED. :

20

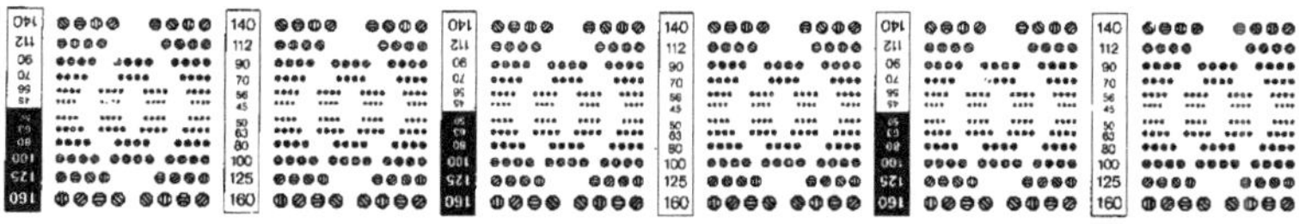

www.ingramcontent.com/pod-product-compliance
Lightning Source LLC
LaVergne TN
LVHW052023160826
845678LV00003B/1180

* 9 7 8 2 3 2 9 6 3 7 7 8 5 *